DAS MÄDCHEN JUSTITIA

Das Mädchen Justitia

Aphorismen für Juristen

Herausgegeben von
Winfried Hönes

Drei Lilien Verlag
Wiesbaden

Die Abbildungen stammen aus dem Zyklus
„Les gens de justice“
von Honoré Daumier (1808–1879).

Für Gudrun

Drei Lilien Verlag GmbH, Wiesbaden

Satz: Satz & Grafik Werkstätte Regina Meier, Bonn
Druck und Einband: Plump KG, Rheinbreitbach
ISBN 3-922383-57-2

Inhalt

Also, meine lieben Kollegen, es ist nicht rechtens, daß Sie sich außerhalb des Verhandlungsraumes streiten ... Dies hier bleibt der Saal der vergeblichen Manöver für die streitenden Parteien . . . Anwälte dürfen hier kein Wort verlieren!

Ein Wort zuvor

„Früher litten wir an Verbrechen, heute an Gesetzen.“ Dieser Stoßseufzer, in dieser oder jener Form aus dem Mund manches Juristen zu hören, ist brandaktuell, obwohl bereits zweitausend Jahre alt. Er stammt aus den Annalen des Tacitus. Auch andere Aphorismen dieses Bandes — der Leser wird es feststellen — sind trotz ihres Alters jung geblieben, manche gleichen sich bis in die Formulierung hinein. So sagt etwa Solon: „Die Gesetze gleichen den Spinnweben, denn fällt etwas Leichtes und Schwaches hinein, so wird es festgehalten, wenn aber etwas Größeres, dann schlägt es durch und kommt heil davon.“ Zu Balzacs Zeit hatte sich die Situation noch nicht geändert, denn er konstatiert: „Die Gesetze sind Spinngewebe, durch die die großen Fliegen durchkommen, und wo nur die kleinen hängenbleiben.“ Ähnlich äußert sich ein Autor unserer Tage.

Nun könnte man daraus ableiten, daß trotz aller Gesetze, trotz allen Fortschritts durch die Jahrtausende der Mensch gleich — man möchte sagen: gleich schlecht — geblieben ist. Bereits zur Zeit des Alten Testaments scheinen Eigentumsdelikte und Betrügereien an der Tagesordnung, vielleicht sogar die zahlenmäßig überwiegenden Gaunereien und Verbrechen gewesen zu sein: gelten ihnen doch die meisten Warnungen dieses Menschheitsbuchs, das ja auch ein Gesetzbuch ist. Und heute? Auch heute stehen Diebstahl und Betrug an der Spitze der Kriminalstatistik ...

Und die Juristen, die all die (zu) vielen Gesetze, unter deren Unzahl schon die Alten stöhnten, anwenden? Auch hier gibt es eigentlich nichts Neues zu vermelden: In der Antike wie in der Gegenwart kommen sie im allgemeinen nicht gut weg im Urteil der Philosophen, Schriftsteller – oder einfach nur der Betroffenen. Doch das liegt weniger – so möchte man meinen – an den Juristen selbst, die sich im allgemeinen redlich mit den Gesetzen und der menschlichen Schwäche abgemüht haben und es heute noch tun, sondern an den Autoren. Wer einen Prozeß verloren hat, wer sich vom Richter ungerecht behandelt fühlt, greift leichter zur Feder als derjenige, der sein Recht bekommt. Über das Selbstverständliche schreibt man nicht.

So sind denn auch viele Äußerungen dieses Buches Ausdruck von Sehnsucht, Hoffnung, Verzweiflung. Mancher hervorragende Aphorismus konnte erst unter starkem politischem oder menschlichem Druck entstehen, wie Beispiele vor allem aus Polen und Jugoslawien belegen. Daß die Metaphern des Henkers und des Galgens gerade von Aphoristikern osteuropäischer Länder immer wieder benutzt werden, spricht für sich.

Trotz aller Kritik an der menschlichen Schwäche im allgemeinen und an der Justiz im besonderen: Viele – weitaus die meisten – Autoren haben sich mit den zentralen Begriffen Recht, Gerechtigkeit und Wahrheit grundsätzlich auseinandergesetzt. Daß der Mensch bis in unsere Tage immer wieder versucht hat, durch alles juristische Gestrüpp zu Recht und Wahrheit vorzudringen (und offenbar die Hoffnung nicht aufgibt, sie zu finden), mag ein wenig Zuversicht verheißen.

Dieses Buch will trotz aller wesentlichen, kritischen oder sonstwie katalogisierbaren Aphorismen in erster Linie ein Lesebuch sein rund um das „Mädchen Justitia", wie Kurt Tucholsky einmal formuliert hat.

Die literarischen und sachlichen Schwerpunkte, die sich während seiner Zusammenstellung herausgebildet haben, mag der Leser selbst entdecken. Bestimmend für die Aufnahme jedes einzelnen Textes war seine literarische Qualität bzw. seine (pointierte) Aussagekraft. Grundlage für die Sammlung bildet mein „Archiv zur Rezeptionsgeschichte", das ich als privates Literaturarchiv seit fast zwanzig Jahren betreibe.

Kleve, im Januar 1987

Winfried Hönes

ZEHN GEBOTE

Da das „Gesetz“ in der Zahl Zehn sein Symbol hat, was die bekannten Zehn Gebote Gottes bezeugen, stellt in der Tat die Zahl Elf, da sie die Zehn überschreitet, die Überschreitung des Gesetzes und somit die Sünde dar. Aurelius Augustinus

Alle sittlichen Gebote können sich auf die zehn der Zehngebote irgendwie begründet zurückführen lassen. Thomas von Aquino

Da die Zehngebote den Menschen auf Gut schlechthin und auf den Nächsten in derselben Weise (der Gerechtigkeit) ordnen, so sind sie schlechthin unerläßlich. Thomas von Aquino

— aber sagen Sie: gibt es ein treueres Konterfei des Menschen als das, was aus all diesen „Du sollst“, „Du sollst nicht“ herausspringt?
Alexander von Villers

Der Dekalog ist das Porträt der Menschheit.
Alexander von Villers

Denkt ans fünfte Gebot: Schlagt eure Zeit nicht tot!
Erich Kästner

Elftes Gebot: Schreibt keine neuen hinzu.
Radivoje Dangubić

Die Vereinten Nationen in ihrer jetzigen Zusammensetzung würden nicht einmal die zehn Gebote verabschieden, weil sie aus Israel kommen. Abba Eban

Rechtsanwalt Chopard liest in einer Juristenzeitschrift das von ihm selbst verfaßte Lob über ihn.

MENSCHENRECHTE – NATURRECHT

Daß man mit Füßen tritt alle Gefangenen der Erde, daß man das Recht des Mannes beugt vor dem Höchsten, daß man den Menschen bedrückt in seinem Rechtsstreit, sollte der Herr das nicht sehen?

Klag. 3,34–36

Das der Natur gemäße Recht ist eine den Nutzen betreffende Übereinkunft, einander nicht zu schädigen noch voneinander Schaden zu leiden. Epikur

Es gab immer ein Gebot, ausgehend von der Naturordnung, zum Tun des Rechten antreibend und abmahnend vom Vergehen, welches nicht erst dann anfängt, Gesetz zu sein, wenn es geschrieben, sondern schon dann, wenn es entstanden ist. Entstanden aber ist es zugleich mit dem göttlichen Geist. Cicero

Es ist falsch, daß Gleichheit ein Naturgesetz sei. Die Natur hat nichts Gleiches erschaffen. Ihr oberstes Gesetz ist Unterordnung und Abhängigkeit.

Luc de Clapiers de Vauvenargues

Es steht uns frei, den fanatischen Freimut unsrer Väter zu bewundern, die uns gelehrt haben, uns wegen einer Lüge zu erdrosseln: eine solche Verehrung der Wahrheit unter Barbaren, die nur die Naturgesetze kannten, ist ein Ruhm für die Menschheit.

Luc de Clapiers de Vauvenargues

Die Natur bekümmert sich nicht um irgend einen Irrtum; sie selbst kann nicht anders als ewig recht handeln, unbekümmert, was daraus erfolgen möge.

Johann Wolfgang von Goethe

Die Gesetze der Natur sind wunderbar, aber ihr Räderwerk zermalmt viele Insekten wie die Regierungen viele Menschen.

Antoine de Rivarol

Der Zweck jeder politischen Vereinigung ist die Erhaltung der natürlichen und ewigen Menschenrechte. Diese sind: Freiheit, Eigentum, Sicherheit und Widerstand gegen Unterdrückung.

Joseph de Lafayette

Recht ist die Übereinstimmung mit den Naturgesetzen, soweit sie der menschlichen Vernunft bekannt sind.

Ralph Waldo Emerson

WAHRHEIT

Als Thales von Milet gefragt ward, wie weit der Abstand zwischen Wahrheit und Lüge wäre, sagte er: Soweit, wie zwischen Aug und Ohr. Nach Stobäus

Die Wahrheit ist immer das Rechte. Sophokles

Wir wissen in Wirklichkeit nichts, denn die Wahrheit liegt in der Tiefe. Demokrit

Die Wahrheit soll man sagen und dabei nicht viel Worte machen. Demokrit

Es ist Pflicht, die Wahrheit zu sagen. Es ist ja auch viel vorteilhafter. Demokrit

Wahrheit zeugt Haß. Terenz

Sagt ganz einfach Ja oder Nein; jedes weitere Wort ist vom Teufel. Mat. 5,37

Was ist Wahrheit? Joh. 18,38

Wir vermögen nichts wider die Wahrheit, sondern nur für die Wahrheit. 2. Kor. 13,8

Wenn ihr in meinem Worte bleibt, werdet ihr die Wahrheit erkennen, und die Wahrheit wird euch frei machen. Joh. 8,31

Was nützt ein goldener Schlüssel, wenn er die Tür zur Wahrheit nicht findet? Aurelius Augustinus

Die Wahrheit sehen, heißt: sie besitzen.
Thomas von Aquino

Wir sind dazu geschaffen, die Wahrheit zu suchen; sie zu besitzen, ist das Vorrecht einer höheren Macht.
Michel de Montaigne

Wahrheit ist ein Hund, der ins Loch muß und hinausgepeitscht wird, während Madame Schoßhündin am Feuer stehen und stinken darf.
William Shakespeare

Die Wahrheit stiftet nicht soviel Nutzen in der Welt wie ihr Schein Schaden.
François de La Rochefoucauld

Wahrhaft ist nur der Mensch, der nicht lügt, nicht wer die Wahrheit sagt. Fürst de Ligne

Der Geistreiche ist der Wahrheit sehr nahe.
Joseph Joubert

Wir dürfen uns nicht kränken, daß andere uns die Wahrheit so oft verbergen, denn oft verbergen wir sie uns selber. François de La Rochefoucauld

Man soll die Wahrheit sagen, doch nicht jede Wahrheit soll ausgesprochen werden.
Christina von Schweden

Die Wahrheit ist nicht so abgenutzt wie die Sprache, weil es weniger Leuten zusteht, sie zu gebrauchen.
Luc de Clapiers de Vauvenargues

Es gibt keine Wahrheit, der wir nicht zustimmten, wenn man sie uns klar und deutlich darstellt.
Luc de Clapiers de Vauvenargues

Die Wahrheit richtet sich nicht nach uns, lieber Sohn, sondern wir müssen uns nach ihr richten.
Matthias Claudius

Der Mensch kann nach Tugend streben, aber nicht ernsthaft glauben die Wahrheit zu finden.
Nicolas-Sébastien Roch Chamfort

Worin besteht das Wesen der schönen Lüge? Darin, daß sie sich selbst zu erkennen gibt. Ist einer so phantasielos, daß er seiner Lüge mit Beweisen zu Hilfe kommt, dann soll er lieber gleich die Wahrheit sagen.
Oscar Wilde

Wahrheitsmonopole, einem einzelnen Stande oder Charakter verliehen, sind Beeinträchtigungen für alle übrigen und wahre Injurien für die Menschheit.

Georg Christoph Lichtenberg

Nicht die Lügen, sondern die sehr feinen falschen Bemerkungen sind es, die (die) Läuterung der Wahrheit aufhalten.

Georg Christoph Lichtenberg

Es ist fast unmöglich, die Fackel der Wahrheit durch ein Gedränge zu tragen, ohne jemandem den Bart zu sengen.

Georg Christoph Lichtenberg

Kenne ich mein Verhältnis zu mir selbst und zur Außenwelt, so heiß' ich's Wahrheit. Und so kann jeder seine eigene Wahrheit haben, und es ist doch immer dieselbige.

Johann Wolfgang von Goethe

Alle Gesetze und Sittenregeln lassen sich auf eine zurückführen: auf die Wahrheit.

Johann Wolfgang von Goethe

Nur Kinder und Narren reden die Wahrheit, und Gott hätte schon längst wieder eine Sintflut über uns verhängt, hätte die erste etwas geholfen.

Karl Julius Weber

Keine Wahrheit hat die andere zu fürchten; Trug und Irrtum hingegen haben jede Wahrheit zu fürchten.

Arthur Schopenhauer

Man muß die Wahrheit nicht bloß für sich, man muß sie auch für Andre haben. Karl Immermann

Mit dem besten Willen der Treuherzigkeit kann kein Mensch über sich selbst die Wahrheit sagen.
Heinrich Heine

Es gibt keine Wahrheit, die nicht noch wahrer wäre bei beschränkterer Denkart. Théodore Jouffroy

Wahrheit ist der Gipfel des Seins. Gerechtigkeit ist ihre Anwendung auf die Praxis des Lebens.
Ralph Waldo Emerson

Die einfachsten Wahrheiten sind es gerade, auf die der Mensch immer erst am spätesten kommt.
Ludwig Feuerbach

Die Wahrheit ist oft zu einfach, um Glauben zu finden. Fanny Lewald

In den Nuancen allein liegt die Wahrheit!
Gustave Flaubert

„... die unverfälschte Wahrheit ist immer unwahrscheinlich ... Um die Wahrheit wahrscheinlicher zu machen, muß man ihr unbedingt etwas Lüge beimischen.“ Fjodor M. Dostojewskij

Zu jeder Zeit liegen einige große Wahrheiten in der Luft; sie bilden die geistige Atmosphäre des Jahrhunderts. Marie von Ebner-Eschenbach

Alle Worte scharwenzeln um die Wahrheit herum; sie ist keusch. Wilhelm Busch

Manche Wahrheiten sollen nicht, manche brauchen nicht, manche müssen gesagt werden.
Wilhelm Busch

Feinde der Wahrheit. – Überzeugungen sind gefährlichere Feinde der Wahrheit als Lügen.
Friedrich Nietzsche

Wahrheit. – Niemand stirbt jetzt an tödlichen Wahrheiten: es gibt zu viele Gegengifte.
Friedrich Nietzsche

Man lügt wohl mit dem Munde, aber mit dem Maule, das man dabei macht, sagt man doch noch die Wahrheit. Friedrich Nietzsche

„Alle Wahrheit ist einfach." – Ist das nicht zwiefach eine Lüge? – Friedrich Nietzsche

Die Wahrheit kann auch eine Keule sein, mit der man andere erschlägt. Anatole France

Wenn man die Wahrheit sagt, kommt es sicherlich früher oder später an den Tag. Oscar Wilde

Der Weg das Paradoxes ist der Weg zur Wahrheit. Um die Wirklichkeit zu prüfen, muß man sie auf dem Seil tanzen lassen. Wenn Wahrheiten zu Akrobaten werden, kann man sie beurteilen. Oscar Wilde

Die Wahrheit ist nicht mehr wahr, wenn mehr als ein Mensch an sie glaubt. Oscar Wilde

Die Wahrheit ist die Meinung, die immer überlebt.
Elbert Hubbard

Zwei Elemente braucht man für eine Wahrheit: eine Tatsache und eine Abstraktion. Rémy de Gourmant

Das einzige, was niemand glauben will, ist die Wahrheit. George Bernard Shaw

Bei dem Streit um die Wahrheit bleibt der Streit die einzige Wahrheit. Rabindranath Tagore

Wahrheit — das Wort hat einen unvergleichlichen Zauber. Es scheint zu versprechen, worauf es uns eigentlich ankommt. Verletzung der Wahrheit vergiftet alles, was durch diese Verletzung erworben wird.
Karl Jaspers

Wenn du vor den Altar der Wahrheit trittst, so wirst du dort viele auf den Knien finden. Doch auf dem Wege dahin wirst du immer allein gewesen sein.
Arthur Schnitzler

Was heißt Wahrheit? Der Mensch ist die Wahrheit.
Maxim Gorkij

Die zur Wahrheit wandern / Wandern allein.
Christian Morgenstern

Die Wahrheit, die in einen Gerichtssaal gelangt, ist nicht die nackte Wahrheit, sondern die Wahrheit in Gerichtskleidung, die alle ihre weniger anständigen Teile verhüllt.
Bertrand Russell

Es sollte für ehrlos gelten, wider besseres Wissen die Wahrheit zu sagen.
Karl Kraus

Die Wahrheit … genügt nicht immer in der Logik; um bei ihr zu bleiben, muß man sich hier und da widersprechen.
Thomas Mann

Die Wahrheit kommt, aber man kann sie nicht holen.
Alfred Döblin

Die Wahrheit, die überlebt, ist lediglich die Lüge, die am angenehmsten zu glauben ist.
Henry Louis Mencken

Was die Menschen Wahrheit nennen, ist zu fest in ihre Gewohnheiten eingefilzt. Jean Giraudoux

Das Wahre, und auch das vom wissenschaftlichen Standpunkt aus Wahre, ist nur ein Sonderfall des Eingebildeten. José Ortega y Gasset

Es ist nicht mehr möglich, wie in glücklicheren Zeiten, die Wahrheit hübsch artig in der Weise zu definieren, daß man sagt, sie sei die „Übereinstimmung" des Denkens mit der Wirklichkeit.

José Ortega y Gasset

Also Kollege, Sie werden heute gegen mich genau das vertreten, was ich in meinem Plädoyer vor drei Wochen bei einem identischen Fall vertreten habe ... ha, ha, ist das komisch! ...
Und ich werde Ihnen genau das entgegnen, was Sie mir damals geantwortet haben ..., das ist sehr amüsant, zur Not können wir uns gegenseitig vorsagen . . .

Niemand hat die Wahrheit. Wir alle suchen sie.
Karl Jaspers

Der Irrtum ist die Regel; die Wahrheit ist der Zufall des Irrtums. Georges Duhamel

Wer immer die Wahrheit sagt, kann es sich leisten, ein schlechtes Gewissen zu haben. Theodor Heuß

Die Wahrheit ist für die Wenigen. Sie ist das, was sie verbindet über alle Zeiten hinweg. Sie gleicht einer goldenen Kette, die sich durch die Jahrtausende schlingt. Die Edlen reichen sie einander weiter. An uns ist es, sie zu ergreifen. Ernst Robert Curtius

Der Mensch ist nicht befähigt, die Wahrheit zu erfassen. Daher gibt es keinen schlimmeren Wahn als zu glauben, man habe sich ihrer bemächtigt.
Marcel Jouhandeau

Man darf Wahrheit nicht mit Mehrheit verwechseln.
Jean Cocteau

Man kann der Wahrheit den Mund verbinden, aber dann macht sie sich immer noch durch Stöhnen bemerkbar. Arnold J. Toynbee

Du sollst dich nicht vor Wahrheiten fürchten, weil sie in die Hände der Festredner gefallen sind.
Ludwig Marcuse

Die gerichtlich zu beweisende Wahrheit ist nur ihr schmalster Sektor.
Nur die logisch zu beweisende ist vielleicht noch schmäler. Der Beweis kann für die Wahrheit leider nicht allzuviel tun ... es gibt zu viele Beweise.
Ludwig Marcuse

Manche Wahrheiten liegen unter falschen Beweisen, sogar unter Phrasen begraben. Ludwig Marcuse

Es gibt Menschen, die sprechen immer die Wahrheit, und doch ist alles, was sie tun, verlogen. Paradoxerweise selbst, daß sie die Wahrheit sagen.
Kurt Guggenheim

Die Gefahr bei der Suche nach der Wahrheit liegt darin, daß man sie manchmal findet.
William Faulkner

Der Beweis fügt einer Wahrheit nichts hinzu.
Friedrich Georg Jünger

Wer die Wahrheit nicht weiß, der ist bloß ein Dummkopf. Aber wer sie weiß und sie eine Lüge nennt, der ist ein Verbrecher. Bertolt Brecht

Wahrheit besteht nicht in Beweisen, sie besteht im Zurückführen auf die letzte Einfachheit.
Antoine de Saint-Exupéry

Die Wahrheit ist nicht das mehr oder weniger gut Nachgewiesene, sondern das in seiner Wirklichkeitsfunktion mehr oder weniger Wirksame.
Antoine de Saint-Exupéry

Über der Formulierung geht die Wahrheit zum Teufel.
Hans Erich Nossack

In dem Maße einer die Wahrheit liebt, in dem Maße wird er auch um sie leiden.
Reinhold Schneider

Wenn alle Menschen immer die Wahrheit sagten, wäre das die Hölle auf Erden.
Jean Gabin

Es ist schwerer, die Lüge in der Wahrheit zu erkennen als die Wahrheit in der Lüge.
Erwin Chargaff

Die Wahrheit ist immer einfacher als der Weg zu ihr.
Erwin Chargaff

Eine gute Lüge muß neun Zehntel Wahrheit enthalten.
Erwin Chargaff

Sei kein Snob. Lüge nie, wo die Wahrheit besser bezahlt wird.
Stanislaw Jerzy Lec

§

Je mehr wir uns der Wahrheit nähern, desto mehr entfernen wir uns von der Wirklichkeit.
Stanislaw Jerzy Lec

Der Mensch sucht die Wahrheit, um sie noch tiefer zu verbergen.
Stanislaw Jerzy Lec

In allem, was ist, ist meist mehr Wahrheit als Lüge.
Simone Weil

Die beste Tarnung ist die Wahrheit. Die glaubt einem keiner.
Max Frisch

Man sollte die Wahrheit dem anderen wie einen Mantel hinhalten, daß er hineinschlüpfen kann — nicht wie ein nasses Tuch um den Kopf schlagen.
Max Frisch

Ein Mensch ist immer das Opfer seiner Wahrheiten.
Albert Camus

Als er sich zur Wahrheit durchgeschlagen hatte, war sie nicht mehr dort.
Wieslaw Brudziński

Am Ende siegt immer die Wahrheit. Doch leider sind wir erst am Anfang.
Zarko Petan

§

Mit der Wahrheit ist das wie mit einer stadtbekannten Hure. Jeder kennt sie, aber es ist peinlich, wenn man ihr auf der Straße begegnet. Damit muß man es heimlich halten, nachts. Am Tage ist sie grau, roh und häßlich, die Hure und die Wahrheit.

Wolfgang Borchert

Das, was man auch sich selbst gegenüber verschweigen muß, ist die Wahrheit. Martin Walser

Papier ist geduldig, sogar bei der Wahrheit.

Zarko Petan

Die Wahrheit wird euch frei machen — und schutzlos. Winfried Hönes

Sie hatten Hunger ... Sie hatten Hunger ... das ist kein Grund ... ich habe doch auch fast jeden Tag Hunger und stehle deshalb doch auch nicht! ...

GERECHTIGKEIT

Wahrhaften Gewinn erwirbt, wer Gerechtigkeit sät.
Spr. 11,18

In der Gerechtigkeit liegen die Tugenden alle beschlossen.
Phokylides

Vor Gott ist alles schön, gut und gerecht; aber die Menschen wähnen, das eine sei unrecht, das andere recht.
Heraklit

Stolz der Gerechtigkeit ist ein freimütiges, unbeirrbares Urteil, Ende der Ungerechtigkeit Angst vor (kommendem) Unheil.
Demokrit

Ein Mensch, der stets der Macht des Geldes unterliegt, kann niemals gerecht sein.
Demokrit

Denn wenn ich das Wesen der Gerechtigkeit nicht erkenne, werde ich schwerlich herausbringen, ob es eine Tugend ist oder nicht, ob ihr Besitz glücklich macht oder nicht.
Platon

Ein gerechter Mann ist nicht der, der kein Unrecht begeht, sondern wer es tun kann, aber nicht will.
Menander

Gerechtigkeit ist nichts anderes als der Vorteil des Stärkeren. Thrasymachos

Gerechtigkeit an sich hat es nie gegeben. Alles Recht beruhte vielmehr stets nur auf einer Übereinkunft zwischen Menschen, die sich in jeweils verschieden großen Räumen zusammenschlossen und sich dahin einigten, daß keiner dem anderen Schaden zufügen oder von ihm erleiden soll. Epikur

Die schönste Frucht der Gerechtigkeit ist Seelenfrieden. Epikur

Wenn man die Lust zum Lebenszweck macht, so wird dadurch die Gerechtigkeit beseitigt und mit ihr auch jede andere Tugend. Aristoteles

Höchst töricht ist die Meinung, daß alles gerecht sei, was Einrichtungen und Gesetze der Völker dafür erklären. Cicero

Selig sind, die hungern und dürsten nach der Gerechtigkeit; denn sie werden gesättigt werden.
Matth. 5,6

Die Gerechtigkeit ist sozusagen eine schöne Jungfrau, die der Prozeßsüchtige maskiert und vorführt, der Staatsanwalt verfolgt, der Advokat tröstet und der Richter verteidigt. Charles Alphonse du Fresny

Wir warten aber eines neuen Himmels und einer neuen Erde nach seiner Verheißung, in welchen Gerechtigkeit wohnt. 2. Petrus 3,13

Tapferkeit und Klugheit sind immer seltene Tugenden unter den Menschen, aber die seltenste ist wohl die Gerechtigkeit. Plutarch

Versuche, die Menschen gütlich zu überreden; handle aber auch gegen ihren Willen, wenn es die Gerechtigkeit so fordert. Marc Aurel

Die Gerechtigkeit ist jene Tugend, die jedem gibt, was ihm gebührt. Aurelius Augustinus

Reiche ohne Gerechtigkeit, was sind dies anders als große Räuberhöhlen? Aurelius Augustinus

Recht heißt Recht, weil es gerecht ist. Isidor

Gerechtigkeit werde geübt, und sollte die Welt dabei untergehn. Kaiser Ferdinand I.

Und die Gerechtigkeit muß ex officio stockblind sein! Die Allegorien – Erfinder haben ihr die Augen verbunden – warum? Damit sie nicht sieht, wohin sich die Waagschale neigt, und 'reintun kann, was sie will.
Johann Nepomuk Nestroy

Gerechtigkeit und Treue sind die Bindeglieder der Gesellschaft, und deshalb müssen sich selbst Vogelfreie und Räuber, die sonst mit aller Welt gebrochen haben, untereinander die Treue halten und die Regeln der Billigkeit befolgen, andernfalls sie nicht zusammenhalten könnten. John Locke

Es lebe die Gerechtigkeit und sterbe die Welt.
Abraham a Santa Clara

Die Gerechtigkeit ist nichts anderes als die Nächstenliebe der Weisen.
Gottfried Wilhelm von Leibniz

Wenn die Gerechtigkeit all ihre Strenge anwendete, würde die Erde bald eine Wüste sein.
Pietro Metastasio

Man kann nicht gerecht sein, wenn man nicht menschlich ist. Luc de Clapiers de Vauvenargues

Wenn die Gerechtigkeit untergeht, hat es keinen Wert mehr, daß Menschen auf Erden leben.
Immanuel Kant

Gerechtigkeit ist der einzige Grund der Macht und der Dauer des Staates sowie das einzige Band der menschlichen Gesellschaft.
Christoph Martin Wieland

Man muß gerecht sein, ehe man großmütig ist, wie man Hemden haben muß, ehe man Spitzen hat.
Nicolas-Sébastien Roch Chamfort

Die Gerechtigkeit ist die Freiheit derer, welche gleich sind; die Ungerechtigkeit ist die Freiheit derer, welche ungleich sind.
Friedrich Heinrich Jacobi

Wolle nicht immer großmütig sein, aber gerecht sei immer.
Matthias Claudius

Gerechtigkeit: Eigenschaft und Phantom der Deutschen.
Johann Wolfgang von Goethe

Das Schwert der Gerechtigkeit ist nichts als eine Scheide.
Joseph Marie de Maistre

Es gibt Akte der Gerechtigkeit, welche die verderben, die sie vollziehen.
Joseph Joubert

Der Schein regiert die Welt, und die Gerechtigkeit ist nur auf der Bühne.
Friedrich Schiller

Gleichheit ist immer der Probestein der Gerechtigkeit, und beide machen das Wesen der Freiheit.
Johann Gottfried Seume

§

Gerechtigkeit ist das Brot der Nation; sie hungert immer danach. François René de Chateaubriand

Es hat noch niemand acht gegeben auf die Verwandtschaft der Rachsucht mit der Gerechtigkeitsliebe.
Franz Grillparzer

In der Jugend meinen wir, das Geringste, das die Menschen uns gewähren können, sei Gerechtigkeit. Im Alter erfahren wir, daß es das Höchste ist.
Marie von Ebner-Eschenbach

Gerechtigkeit, subst, fem. Eine Ware, die der Staat dem Bürger in mehr oder minder verfälschtem Zustand als Belohnung für seine Treue, seine Steuern und seine persönlichen Dienstleistungen verkauft.
Ambrose Bierce

Sagt, wo findet sich die Gerechtigkeit, welche Liebe mit sehenden Augen ist? Friedrich Nietzsche

So erfindet mir doch die Gerechtigkeit, die jeden freispricht, ausgenommen den Richtenden!
Friedrich Nietzsche

Ach, wie übel ihnen das Wort „Tugend“ aus dem Munde läuft. Und wenn sie sagen: „ich bin gerecht“, so klingt es immer wie: „ich bin gerächt!“
Friedrich Nietzsche

Das Leben ist nie gerecht, und für die meisten von uns ist das auch gut so. Oscar Wilde

Die Gerechtigkeit ist ein Vergeltungssystem, in dem der Staat den Verbrecher nachahmt.
Elbert Hubbard

Wenn der Haß feige wird, geht er maskiert in Gesellschaft und nennt sich Gerechtigkeit.
Arthur Schnitzler

Von allen seelischen Verschwendungen die nutzloseste ist die Gerechtigkeit. Was man an Liebe verausgabt, erhält man immerhin manchmal, wenn auch in bescheidenem Maße, zurückerstattet. Für die Gerechtigkeit, die man erwies, erhält man nichts wieder als Mißverstehen, Undank und am Ende noch Hohn dazu. Arthur Schnitzler

Gerechtigkeit entspringt dem Neide, denn ihr oberster Satz ist: Allen das Gleiche. Walther Rathenau

Es ist eins der lustigsten Geheimnisse der Welt, daß alle Welt immerfort Gerechtigkeit schreit und Gnade meint. Rudolf Alexander Schröder

Die Ungerechtigkeit ist verhältnismäßig leicht zu ertragen. Schwer zu ertragen ist die Gerechtigkeit.
Henry Louis Mencken

Das Mädchen Justitia spielt munter auf dem Klavier. Piano und forte, wie es trifft. Es ist ein feines Mädchen. Mild ist sie gegen Adel, Studenten, Offiziere, Nationale. Da wird nicht zugeschlagen. Aber gegen die Arbeiter? Allemal. Kurt Tucholsky

Recht und Gerechtigkeit sind die Fundamente des Hauses, Duldung und Nachsicht aber die Zimmer, in denen wir wohnen müssen! Kurt Guggenheim

Gerecht ist auf Erden immer jene Sache, welche mehr Arme hat und bessere Gewehre.
Karl Emil Franzos

Gerechtsein heißt: den Anderen als Anderen gelten lassen, es heißt: da anerkennen, wo man nicht lieben kann. Josef Pieper

Geht der Gerechtigkeit aus dem Weg. Sie ist blind!
Stanislaw Jerzy Lec

Man hätte ihm längst Gerechtigkeit widerfahren lassen, wenn man nur wüßte, daß er davon keinen Gebrauch machen wird. Wieslaw Brudziński

Wurde der Spruch „Die Gerechtigkeit siegt“ von einem Kämpfer für die gerechte Sache — oder von einem Sieger erfunden? Gabriel Laub

§

Es macht das Wesen der Gerechtigkeit aus, daß man sich ihr nur nähern kann, ohne sie je zu erreichen. Und beträte dennoch einmal einer (in einem Märchen) ihr Haus, wäre die oberste Dienststelle ohnehin nicht besetzt. Wolfdietrich Schnurre

Das Recht ist keine Vorstufe der Gerechtigkeit — es beugt ihr vor. Karlheinz Deschner

Völlig unnötig, der Gerechtigkeit die Augen zu verbinden. Sie ist ohnehin blind.
Hanns-Hermann Kersten

Wir haben der Gerechtigkeit die Augen verbunden und zu ihr gesagt: Spielen wir blinde Kuh.
Zarko Petan

Als der Gerechtigkeit die Augenbinde abgenommen wurde, stellte sich heraus, daß sie blind war.
Zarko Petan

Manchmal hege ich den Verdacht, der Arm der Gerechtigkeit sei eigentlich eine schlecht angefertigte Prothese. Zarko Petan

Er rief die Gerechtigkeit an: Kein Anschluß unter dieser Nummer. Winfried Hönes

§

Gerecht werden, sich verjenseitigen.
Elazar Benyoetz

Jeder, den es nach Gerechtigkeit verlangt, der wird einmal einen Gott schmähen. Peter Handke

Sie haben zwar Ihren Prozeß verloren ... aber es muß Ihnen doch Freude gemacht haben, mein Plädoyer zu hören.

RECHT

Wohl denen, die das Recht einhalten, die Gerechtigkeit üben allezeit! Ps. 106,3

Der Herr schafft einem jeden sein Recht. Spr. 29,26

Recht muß Recht bleiben. Psalm 94,15

Ein wirkliches Recht ist vorhanden bei Menschen, deren gegenseitiges Verhältnis durch Gesetz geregelt wird. Gesetz aber gibt es da, wo Ungerechtigkeit möglich ist, und das richterliche Urteil ist die Entscheidung über Recht und Unrecht. Aristoteles

Vom wahren Recht und echtbürtiger Gerechtigkeit haben wir keinerlei geprägte und scharfumrissene Vorstellung; ein Schatten nur, ein bloßes Abbild ist's, dessen wir uns bedienen. Cicero

Summum ius — summa iniuria. Cicero

Die Grundsätze des Rechts sind: ehrbar zu leben, andere nicht zu verletzen und jedem das Seine zuzugestehen. Die Jurisprudenz ist die Kenntnis von göttlichen und menschlichen Dingen, die Wissenschaft vom Gerechten und Ungerechten.
Domitius Ulpianus

Das Studium des Rechts ist schmutzig und gewinnsüchtig, denn sein letzter Zweck ist Geld; man studiert die Rechte nicht zur Ergötzung und um der Kenntnis der Dinge willen. Martin Luther

Der Inbegriff des Rechtes ist, vieles dürfe nicht geschehen, was sie dennoch, wenn es geschehen ist, aufrechterhalten. Martin Luther

Weil man das Recht nicht finden konnte, hat man die Macht gefunden. Blaise Pascal

Recht ist, was gültig ist. Und so werden alle gültigen Gesetze notwendig für gerecht gehalten, ohne daß man sie prüft, da sie gültig sind. Blaise Pascal

Ohne die Kraft, sein Recht zu verfechten, hat man kein Recht. Christina von Schweden

Das Recht ist Inbegriff der Bedingungen, unter denen die Willkür des einen mit der Willkür des anderen nach einem allgemeinen Gesetz der Freiheit in Einklang gebracht werden kann. Immanuel Kant

Der Mann hat recht, sollte man sagen, aber nicht nach den Gesetzen, die man sich in der Welt einstimmig auferlegt hat. Georg Christoph Lichtenberg

§

Das Faustrecht ist heutzutage verschwunden bis auf die Freiheit, jedem eine Faust in der Tasche zu machen. Georg Christoph Lichtenberg

Wir alle sind so borniert, daß wir immer glauben, recht zu haben; und so läßt sich ein außerordentlicher Geist denken, der nicht allein irrt, sondern gar Lust am Irrtum hat. Johann Wolfgang von Goethe

Wenn man von den Leuten Pflichten fordert und ihnen keine Rechte zugestehen will, muß man sie gut bezahlen. Johann Wolfgang von Goethe

Es gibt wohl ein Recht des Weiseren, nicht aber ein Recht des Stärkeren. Joseph Joubert

In dieser Identität des allgemeinen und besonderen Willens fällt somit Pflicht und Recht in Eins, und der Mensch hat durch das Sittliche insofern Rechte, als er Pflichten, und Pflichten, insofern er Rechte hat.
Georg Wilhelm Friedrich Hegel

Die Idee des Rechts ist die Freiheit.
Georg Wilhelm Friedrich Hegel

Das Recht hat sein Dasein in dem gemeinsamen Volksgeist, also in dem Gesamtwillen, der insofern auch der Wille jedes einzelnen ist.
Friedrich Carl von Savigny

Das Recht hat kein Dasein für sich, sein Wesen vielmehr ist das Leben der Menschen selbst, von einer besonderen Seite angesehen.
Friedrich Carl von Savigny

Die Gesellschaft hat sich unmerklich so viele Rechte über das Individuum angemaßt, daß das Individuum gezwungen ist, sie zu bekämpfen.
Honoré de Balzac

Wer einen Stein verrückt am Bau des Rechtes, wirft das Haus zusammen. Friedrich Halm

Die bisherige Geschichte hat nur die Idee des ewigen Rechts selbst erobert; die kommende wird sie anzuwenden haben. Friedrich Hebbel

Wir Menschen haben darum so oft recht, weil wir so selten ganz recht haben. Friedrich Hebbel

Der Hauptreflex der Staatsidee in die Cultur: das Recht. Jacob Burckhardt

Der Zweck ist der Schöpfer des ganzen Rechts.
Rudolf von Ihering

Das Recht ist nichts anderes als das ethische Minimum. Georg Jellinek

Das Recht auf Dummheit wird von der Verfassung geschützt. Es gehört zur Garantie der freien Entfaltung der Persönlichkeit. Mark Twain

Ob nun die Gefahren, denen die Freiheit uns aussetzt, moralischer oder physischer Art sind: unser Recht auf Freiheit schließt das Recht ein, uns in diese Gefahren zu begeben. Ein Mann, dem es nicht freisteht, sein Genick als Flieger oder seine Seele als Ketzer aufs Spiel zu setzen, ist kein freier Mann. Das Recht auf Freiheit beginnt nicht mit dem Alter von einundzwanzig Jahren, sondern mit dem Alter von einundzwanzig Sekunden. George Bernard Shaw

Recht ist, was der proletarischen Klasse nützt.
Wladimir Iljitsch Lenin

Jedem Menschen sein Recht lassen und wenn es noch so sehr als Unrecht erscheint.
Christian Morgenstern

Regierung kann auch ohne Recht bestehen, nicht aber Recht ohne Regierung. Bertrand Russell

Das Fundament des Rechts ist die Humanität.
Albert Schweitzer

Es ist schwer, es zugleich der Wahrheit und den Leuten recht zu machen. Thomas Mann

Natürlich achte ich das Recht. Aber auch mit dem Recht darf man nicht so pingelig sein.
Konrad Adenauer

Die Gerechtigkeit ist die zweite große Aufgabe des Rechts, die erste aber ist die Rechtssicherheit, der Friede.
Gustav Radbruch

Indem das Recht die Sittlichkeit erleichtert — erschwert es sie zugleich.
Gustav Radbruch

Unser Recht ist ein Recht auf die Möglichkeit der Pflichterfüllung, ein Recht, unsere Pflicht zu tun — und deshalb ist es umgekehrt Pflicht, unser Recht zu wahren.
Gustav Radbruch

Recht ist das Ergebnis von Pflichten. Pflicht ist das Recht anderer auf uns.
Oswald Spengler

Wenn das Recht, das objektive Recht, soweit es Menschen zu finden wissen, nicht mehr oberste Richtschnur ist — dann fängt ein Volk an zu faulen.
Kurt Tucholsky

Recht ist der Schutz des Menschen vor dem Menschen durch den Menschen um Gottes willen.
Franz Werfel

§

Es ist nicht tragisch, wenn einer als Schüler „wieder“ und „wider“ oder „Tod“ und „tot“ nicht scharf genug differenzieren kann. Wenn er aber später als Richter Mord und Totschlag nicht unterscheidet, sieht es schlimmer aus. Recht und Rechtschreibung sind nah verwandt. Ernst Jünger

Das Recht ist ein Werturteil, das eine Macht über eine ihr an Macht unterlegene Macht fällt.
Henry de Montherlant

Das Recht ist nicht unentgeltlich, und das ist das größte Unrecht. Kurt Guggenheim

Wenn wir versuchen, dem Begriff des Rechts auf den Leib zu rücken, entdecken wir gleich beim ersten Schritt in dieser Richtung eine überraschende und peinliche Tatsache: genau zu sagen, was Recht ist, gilt als unmöglich. Die Frage nach dem Begriff des Rechts ist die schwarze Katze im Sack der Jurisprudenz. William Seagle

Das Recht ist eine Gewalt, die der Gewalt das Recht streitig macht. Hans Kudszus

Es gibt Leute, die selbst dann, wenn sie recht haben, ihre Sache so verzwickt und so peinlich vorbringen, als hätten sie unrecht. Werner Bukofzer

§

Nie hassen wir Rechthaber mehr, als wenn sie recht haben. Erwin Chargaff

Wer das Recht mit Füßen tritt, steht selten fest auf den Beinen. Stanislaw Jerzy Lec

Die Abwesenden haben zwar niemals recht, doch dafür bleiben sie oft am Leben. Stanislaw Jerzy Lec

Es ist immer dasselbe: eingeräumte Rechte sind auferlegte Pflichten. Hans Lohberger

Das Recht ist das Hinkebein der Gesellschaft.
Rudolf Rolfs

Wer immer recht haben will, muß oft seine Meinung wechseln. Dusan Radović

Sollen alle Menschen gleiche Rechte haben, müssen sie das Recht haben, nicht gleich zu sein.
Gabriel Laub

Recht wird nach Gebühr entschieden.
Winfried Hönes

Rechtspflege. Das Recht muß gepflegt werden. Es siecht dahin. Winfried Hönes

Auf Rechthaben hin zu denken, ist ein Mißbrauch des Denkvermögens. Elazar Benyoetz

man merkt unserm recht das alter an — es ist schon gebeugt. Bert Berkensträter

Da wirft Ihnen die Staatsanwaltschaft ja ganz unangenehme Dinge vor ... versuchen Sie wenigstens, eine einzige Träne zu vergießen ... das macht sich immer gut! ...

UNRECHT

Dem, der Unrecht leidet, muß man nach Kräften helfen und nicht ruhig zusehen. Denn eine solche Handlungsweise ist gut und gerecht, das Gegenteil aber ungerecht und feige. Demokrit

Säe nicht in die Furchen des Unrechts, damit du es nicht siebenfach erntest. Sir. 7,3

Für Menschen, die Unrecht tun, hat Gott keinen Platz in seiner neuen Welt. 1. Kor. 6,9

Wer sagt, daß er zum Herrn gehört, der muß aufhören, Unrecht zu tun. 2. Tim. 2,19

Oft tut auch der unrecht, der nichts tut, nicht bloß, der etwas tut. Marc Aurel

Hat man ein Unrecht verziehen, muß man es aus seinem Gedächtnis löschen. Christina von Schweden

Alle auf das Recht anderer Menschen bezogene Handlungen, deren Maxime sich nicht mit der Publizität verträgt, sind unrecht. Immanuel Kant

§

Der Scharfsinn verläßt geistreiche Männer am wenigsten, wenn sie unrecht haben.

Johann Wolfgang von Goethe

Um Recht zu tun, braucht's wenig, und insofern hätte Cicero recht, wenn er binnen drei Tagen ein Rechtsgelehrter zu werden sich getraute, aber um ungestraft Unrecht zu tun, dazu gehört ein Studium.

Karl Julius Weber

Der einzelne kann sich der Welt gar nicht gegenüberstellen, ohne sein kleines Recht in ein großes Unrecht zu verwandeln.

Friedrich Hebbel

Nichts lernen wir so spät und verlernen wir so früh, als zugeben, daß wir unrecht haben.

Marie von Ebner-Eschenbach

Man kann nicht jedes Unrecht gut, wohl aber jedes Recht schlecht machen.

Marie von Ebner-Eschenbach

Wenn man mir zustimmt, habe ich immer das Gefühl, im Unrecht zu sein.

Oscar Wilde

Das Unrecht kann sich keine Niederlage leisten, aber das Recht kann es.

Rabindranath Tagore

§

Man haßt immer die Menschen, denen man Unrecht tut. Stefan Zweig

Es ist eine tiefe Wahrheit: Wir hassen nicht diejenigen, die uns, sondern denen wir Unrecht getan haben, weil diese uns in unserer Erniedrigung gesehen haben und ihre lebenden Zeugen sind.

Paul Bertololy

Hüte dich vor Menschen, die immer nur darauf warten, bis ihnen ein Unrecht geschieht.

Kurt Guggenheim

Dem, der unrecht hat, verzeiht man leichter als dem, der recht hat. Unrecht verzeiht sich leichter als Recht. Kurt Guggenheim

Unrecht gewinnt oft Rechtscharakter einfach dadurch, daß es häufig vorkommt. Bertolt Brecht

Das Unrecht triumphiert, sobald die Gerechtigkeit ihren Lauf nimmt. Martin Kessel

Was die Gesellschaft stets am meisten verteidigt, ist ihr Unrecht, nicht ihr Recht. Karlheinz Deschner

Großes Unrecht wird kleiner, wenn man es von einem höheren Posten aus betrachtet. Zarko Petan

Die Untersuchung ergab keinen Erfolg: die Opfer bekannten sich nicht zum Unrecht, das ihnen geschah.
Wieslaw Brudziński

Ich hatte keinerlei Unrechtsbewußtsein, ruft der Zeitgenosse. Gewiß – auch Rechtsbewußtsein hat er nie gehabt.
Johannes Gross

Ja, man will diese Waise berauben, die ich nicht ein Kind nenne, da sie siebenundfünfzig Jahre alt ist, aber nichtsdestoweniger eine Waise bleibt..., dennoch bin ich beruhigt, meine Herren, denn die Justiz hat immer ein waches Auge auf alle verbrecherischen Unternehmungen!

VORURTEILE

Der Glaube an Vorurteile gilt in der Welt als gesunder Menschenverstand. Claude Adrien Helvétius

Ein Urteil läßt sich widerlegen, aber niemals ein Vorurteil. Marie von Ebner-Eschenbach

Der völlig vorurteilslos wäre, müßte es auch gegen das Vorurteil sein. Marie von Ebner-Eschenbach

Vorurteile sind die Stützen der Zivilisation.
André Gide

Es gibt Menschen, die selbst für Vorurteile zu dumm sind. Egon Friedell

Vorurteile sterben ganz langsam, und man kann nie sicher sein, daß wie wirklich tot sind. Jules Romains

Je reicher man an Urteilen ist, desto ärmer wird man an Vorurteilen. Henry Miller

Das Vorurteil ist die hochnäsige Empfangsdame im Vorzimmer der Vernunft. Karl Heinrich Waggerl

§

Ein Vorurteil ist ein Irrtum, der Wurzeln geschlagen hat.
Martin Held

Man kann Dummheit sorgfältig durch Erziehung zu Vorurteilen herbeiführen.
Alexander Mitscherlich

Vorurteile reisen durch die Epochen ungehindert — sie haben gute, falsche Pässe.
Wieslaw Brudziński

Wohl läßt sich das Vorurteil bilden, nicht aber fällen.
Elazar Benyoetz

Auf Erden wird nur das Vorurteil gesprochen.
Elazar Benyoetz

JUSTIZ

Ihr sollt nicht unrecht handeln im Gerichte: du sollst die Person des Geringen nicht ansehen, aber auch den Vornehmen nicht begünstigen; gerecht sollst du deinen Nächsten richten. 3. Mos. 19,15

Ist's nicht, als wäre alles schon verloren! Ich hab noch keinen Menschen je gesehn, der seine Fehler kennte und mit sich derentwegen ginge zu Gericht.
Konfuzius

Denn des Gerichtes Endziel ist das Recht, und daher hat es seinen Namen. Cicero

Die Justiz ist in Deutschland seit Jahrhunderten die Hure der deutschen Fürsten. Jeden Schritt zu ihr müßt ihr mit Silber pflastern, und mit Armut und Erniedrigung erkauft ihr ihre Sprüche.
Georg Büchner

Juristische Schwierigkeiten gibt es nicht für Leute mit Geld. George Bernard Shaw

Wenn ein Mensch einen Tiger umbringen will, nennt er das Sport; wenn der Tiger ihn umbringen will, nennt er das Wildheit. Der Unterschied zwischen Verbrechen und Justiz ist der gleiche.
George Bernard Shaw

Im übrigen ist Militärjustiz in allen Fällen vom Übel: nicht nur, weil sie vom Militär kommt, sondern weil sie sich als Justiz gibt, was sie niemals sein kann.
Kurt Tucholsky

Der Gerichtstag über sich selbst unterliegt einer besonders strikten Verjährungsfrist. Erwin Chargaff

Das Paragraphenzeichen allein sieht aus wie ein Folterwerkzeug. Stanislaw Jerzy Lec

Am Anfang bestimmter Lieder stand statt des Violinschlüssels – ein Paragraph. Stanislaw Jerzy Lec

Gerichte: Desillusionsanstalten der Rechtsprechung. Rudolf Rolfs

In der bundesdeutschen Justiz gibt es eindeutig eine politische Diskriminierung. Jenen Bankräubern und Mördern gegenüber, die sich kein politisches Motiv ausgedacht haben. Gabriel Laub

Die Justitia mit verbundenen Augen erklärt sich einverstanden, am Fangspiel teilzunehmen.
Milovan Vitezović

Er ließ sich mit Justitia ein. Es hat im Prokrustesbett geendet. Joseph Bisig

GESETZE

Die Gesetze gleichen den Spinnweben, denn fällt etwas Leichtes und Schwaches hinein, so wird es festgehalten, wenn aber etwas Größeres, dann schlägt es durch und kommt heil davon. Solon

Kämpfen muß das Volk für sein Gesetz gleichwie für seine Stadtmauer. Heraklit

Das Gesetz ist der Tyrann der Menschen, da es sie zu manchem Naturwidrigen zwingt. Hippias

Wo Gesetze schriftlich aufgezeichnet sind, genießt der Schwache mit dem Reichen gleiches Recht.
Euripides

Das Gesetz soll kurz sein, damit es von den Laien desto leichter verstanden werde, und sei einer von der Gottheit ausgehenden Stimme gleich: Es befehle daher und erörtere nicht. Seneca

Was das Gesetz nicht verbietet, verbietet der Anstand. Seneca

Kein Gesetz kann einem Staatswesen verderblicher sein als eines, das von den Gesichtspunkten längst vergangener Zeiten ausgeht. Niccolò Machiavelli

Früher litten wir an Verbrechen, heute an Gesetzen.
Tacitus

Im verdorbensten Staate sind die meisten Gesetze.
Tacitus

Der Mensch kann über das ein Gesetz geben, worüber er ein Urteil fällen kann. Thomas von Aquino

Über Gesetze, welcher Art sie auch immer sein mögen, kann niemand urteilen als der, welcher das Evangelium hat und versteht. Martin Luther

Eine weise Obrigkeit soll sich vielmehr um die Erhaltung des Friedens als um die Verbesserung der Gesetze bemühen. Martin Luther

Es gibt keine schlimmere Folter als die Folter der Gesetze. Francis Bacon

Für das Gesetz ist es von so großer Bedeutung, eindeutig zu sein, daß es ohne diese Voraussetzung auch nicht gerecht sein kann. Francis Bacon

Mit einem Wort, die Geschichte lehrt uns zur Genüge, daß Strafgesetze nie anders als nachteilig gewirkt haben. Charles de Montesquieu

§

Jedes Gesetz soll klar, einheitlich und genau sein: Es auslegen, heißt fast immer, es verderben.
Voltaire

Wo das Gesetz aufhört, da beginnt die Tyrannei.
William Pitt d. Ä.

Die Gesetze werden nach den Sitten und Erfordernissen bestimmter Zeiten geschaffen, und es ist purer Zufall, wenn sie länger währen als ihre Ursachen.
Samuel Johnson

Die Menschen sind so abhängig geboren, daß selbst die Gesetze, die ihre Schwachheit regieren, ihnen nicht genügen. Das Schicksal hat ihnen noch nicht genug Herren gegeben; sie bedürfen noch der Mode, die alles, selbst die Form der Schuhe vorschreibt.
Luc de Clapiers de Vauvenargues

Ohne irgendein Gesetz kann gar nichts, selbst nicht der größte Unsinn, sein Spiel lange treiben.
Immanuel Kant

Alle Gesetze sind Versuche, sich den Absichten der moralischen Weltordnung im Welt- und Lebenslaufe zu nähern.
Johann Wolfgang von Goethe

Die besten Gesetze entstehen aus den Gebräuchen.
Joseph Joubert

Wenn man alle Gesetze studieren sollte, so hätte man gar keine Zeit, sie zu übertreten.
Johann Wolfgang von Goethe

Alle Gesetze sind von Alten und Männern gemacht. Junge und Weiber wollen die Ausnahme, Alte die Regel. Johann Wolfgang von Goethe

Die politischen Verfassungen bedürfen der Elastizität, sie büßen sie ein, wenn alles durch starre und sozusagen unbiegsame Gesetze geregelt wird.
Joseph Joubert

Wenn die Gesetze zuwenig Freiheit übriglassen, rächen sich die Völker dafür in ihren Sitten.
Honoré de Balzac

Die Gesetze sind Spinngewebe, durch die die großen Fliegen durchkommen, und wo nur die kleinen hängenbleiben. Honoré de Balzac

Der Mensch ist ein atmendes Gesetz. Peter Hille

Wer auf Bildung, Strafgesetz und Sport setzt, braucht nur noch Vermögen, um ein vollendeter moderner Gentleman zu sein. George Bernard Shaw

Ein Gesetz ist eine politische Maßnahme, ist Politik.
Wladimir Iljitsch Lenin

Persönlichkeit ist ein Mysterium. Ein Mensch kann nicht immer nach seinem Tun gewertet werden. Er mag das Gesetz beobachten und doch wertlos sein. Er mag das Gesetz brechen und doch wertvoll sein. Er kann schlecht sein, ohne je etwas Schlechtes zu tun. Er mag gegen die Gesellschaft sündigen und doch durch diese Sünde seine wahre Vollendung finden.
Oscar Wilde

Ein Gesetz, hinter dem die überwiegende Mehrheit der öffentlichen Meinung steht, wird nicht als Einschränkung der Freiheit empfunden, sondern als Schutz vor Auswüchsen.
George Bernard Shaw

Das Verbrechen ist nur die Kleinhandelsabteilung dessen, was wir als Großhandel des Strafgesetz nennen.
George Bernard Shaw

Jeder Mensch, der von der Ansicht ausgeht, daß die Gesetze, die für ihn gut sind, auch für andere gelten müssen, ist ein Philister.
Egon Friedell

Der Mensch gönnt seiner Gattung nichts, daher hat er die Gesetze erfunden. Er darf nicht, also sollen die andern auch nicht.
Kurt Tucholsky

Die Unkenntnis des Gesetzes befreit nicht von der Verantwortung. Aber die Kenntnis oft.
Stanislaw Jerzy Lec

§

Die Leges verändern den Logos.
Stanislaw Jerzy Lec

Das Gesetz garantiert zwar nicht das Mittagessen, aber die Mittagspause. Wieslaw Brudziński

Man sagt, wir bewegten uns wenig. Und das tägliche Umgehen der Gesetze? Wieslaw Brudziński

Gesetze müssen endlich durch ein Gesetz verboten werden! Zarko Petan

Das Gesetz läßt uns noch gerade den Spielraum, den wir ihm nicht gewährt haben. Winfried Hönes

Den gesetzlichen Rahmen voll ausschöpfen — den gesetzlichen Rahm voll abschöpfen.
Winfried Hönes

RICHTER UND ANWÄLTE

Richtet nicht nach dem Schein, sondern übet gerechtes Gericht!
Joh. 7,24

Es soll der Richter auf seinem Richterstuhl sitzen als griesgrimmender Löwe, den rechteren Fuß über den linkeren geschlagen, und wann er aus der Sache nicht recht könne urteilen, soll er dieselbe ein, zwei, drei Mal überlegen.
Soester Stadtrecht

Wo den Sachen der Armen anders nicht geholfen werden kann, sind die Anwälte gehalten, ihre Sache zu übernehmen und ihnen ihren Schutz angedeihen zu lassen; gerade wie alle gehalten sind, das Werk der Barmherzigkeit für den aufzuwenden, der eine Not leidet.
Thomas von Aquino

Der Richter ist der Dolmetsch der Gerechtigkeit.
Thomas von Aquino

Aus dem aber, was der Richter selber sieht, kann er nicht zur Spruchfällung vorgehen, es sei denn in Gemäßheit der Ordnung, die das öffentliche Gericht hat.
Thomas von Aquino

Es steht im Evangelium nicht, daß man die Juristen anbeten soll ...
Martin Luther

§

Ein Jurist, der nicht mehr ist denn ein Jurist, ist ein arm Ding. Martin Luther

Jeder Richter ist ein Feind Christi, weil er die Gerechtigkeit der Werke treibt. Ein erleuchteter Richter aber wirkt wie eine Wundergestalt unter den Juristen; er muß betteln gehen und wird von den anderen als aufrührerisch angesehen. Martin Luther

Juristen sind wie Schuster, die zerren mit den Zähnen das Leder; sie die Rechte, daß sie sich müssen dehnen. Friedrich von Logau

Die Gerechtigkeit milder Richter ist nur Liebe zu ihrer Würde. François de La Rochefoucauld

Wer das Falsche verteidigen will, hat alle Ursache, leise aufzutreten und sich zu einer feinen Lebensart zu bekennen. Wer das Recht auf seiner Seite fühlt, muß derb auftreten: ein höfliches Recht will gar nichts heißen. Johann Wolfgang von Goethe

Die Welt sehen, heißt über Richter richten.
Joseph Joubert

Der Arzt sieht den Menschen in seiner ganzen Schwäche, der Advokat in seiner ganzen Schlechtigkeit und der Priester in seiner ganzen Dummheit.
Arthur Schopenhauer

Die Priester, die Richter und die Frauen ziehen ihre Kleider nie ganz aus. Honoré de Balzac

Dürfen wir aus unserem Herzen ein Tribunal machen, um unseren Nächsten zu richten? Wo wäre das Gesetz, nach dem wir Recht sprächen, wo das Maß unseres Urteils? Und das, was bei uns Schwäche ist, kann es nicht bei dem Nachbarn eine Kraft sein?
Honoré de Balzac

Die deutsche Regierungsart hat dem Deutschen zweierlei anerzogen: den Geist der Umständlichkeit und die juristische Klüngelei. Stendhal

Wenn ich einen Sohn habe, so soll er etwas Prosaisches werden, Jurist oder Seeräuber. Lord Byron

BARETT: Gibt dem Kopf die nötige Festigkeit … Unerläßlich im Sitzungszimmer. Gustave Flaubert

Rechtmäßig, adj.: Vereinbar mit dem Willen des zuständigen Richters. Ambrose Bierce

Rechtsanwalt, subst, masc. Eine in der Umgehung des Gesetzes geschulte Person. Ambrose Bierce

Manche Richter sind so stolz auf ihre Unbestechlichkeit, daß sie darüber die Gerechtigkeit vergessen.
Oscar Wilde

Es muß Übertretungen geben, weil Richter da sind, und um Übertretungen zu schaffen, müssen wir Gesetze haben. Ähnliches gilt vom Kriege und den entstehenden Heeren.
Peter Hille

Wenn du etwas gegen das Gesetz tun willst, dann frage immer erst einen tüchtigen Rechtsanwalt.
George Bernard Shaw

Meiner Meinung nach sind der Anwalt, der Priester, der Literat und der Politiker im großen ganzen gefährlicher als das gemeine Volk, das nicht durch das Verfahren, welches wir „höhere Schulbildung" nennen, verdummt worden ist.
George Bernard Shaw

Unsere Art zu richten und zu strafen erscheint mir immer kindlicher. Ein einziger wirklicher Mensch würde das alles über den Haufen werfen. Wieviel ließe sich da individualisieren!
Christian Morgenstern

Weibliche Juristen? Juris uterusque doctor? Blutiger Dilettantismus!
Karl Kraus

Nur der ist ein guter Jurist, der mit schlechtem Gewissen Jurist ist.
Gustav Radbruch

Wenn die Wahrheit zu schwach ist, um sich zu verteidigen, muß sie zum Angriff übergehen.
Bertolt Brecht

Der Richter ist ein Jurastudent, der seine eigenen Prüfungsarbeiten zensiert. Henry Louis Mencken

Nie hat ein Dichter die Natur so frei ausgelegt wie ein Jurist die Wirklichkeit. Jean Giraudoux

Wer die großen Advokaten sind, weiß ich nicht, und zu ihnen kommen kann man wohl gar nicht ... Manchen verteidigen sie, aber durch eigenen Willen kann man das nicht erreichen, sie verteidigen nur den, den sie verteidigen wollen. Franz Kafka

Auf keiner Tagung des Deutschen Richtervereins ist von den Schmerzen des Volkes etwas zu hören. Jedes Volk hat die Richter, die es verdient.
Kurt Tucholsky

Historiker sind Anwälte, die erst plädieren, wenn ihr Klient schon gestorben ist. Harold Macmillan

Der Schweigende ist Richter, wenn drei beisammen sind. Kurt Guggenheim

Es ist viel schwerer, sich selbst zu verurteilen, als über andere zu richten. Antoine de Saint-Exupéry

In einer Welt, der der Richter fehlt, gibt es nur Verurteilte. Erwin Chargaff

Vor dem Recht sind alle gleich. Aber nicht vor den Rechtsprechern. Stanislaw Jerzy Lec

„Alles verstehen heißt alles verzeihen" ist eine Phrase jener, die den Unterschied zwischen verstehen und nachvollziehen nicht kennen und nicht das Eine noch Andre des zu verstehenden Falles sind. Sie sind zum Geschichtsschreiber wie zum Richter gleich untauglich. Franz Fühmann

Eine friedliche und einträchtige Welt ist der geheime Alptraum der Militärs und der Advokaten.
Normal Mailer

Manchmal fällen die Gerichte im Verhältnis zur Schuld der Verteidiger unvergleichlich niedrige Urteile. Boguslaw Wojnar

Auch wenn alles verstaatlicht ist, sollte jeder Richter sein eigenes Urteil haben. Gabriel Laub

Die Juristen sind die Kamele, auf denen die Kaufleute durch die Wüste reiten.
Spruch eines Juristen, überliefert von Johannes Gross

Was hilft's, daß das Recht für alle gleich ist, wenn's der Richter nicht ist? Markus M. Ronner

§

VERBRECHER

Ursache des Vergehens ist die Unkenntnis des Besseren.
Demokrit

Wenn du aufdecken solltest ein Verbrechen, dann freu dich nicht — zu Trauer nur und Mitleid wäre dies ein Grund.
Konfuzius

Es gibt Verbrechen, die unschuldig, ja sogar ruhmreich werden durch ihren Glanz, ihre Zahl und ihre Größe; daher kommt es, daß die öffentlichen Diebstähle Heldentaten genannt werden und daß ohne jedes Recht Provinzen wegnehmen Eroberungen machen heißt.
François de La Rochefoucauld

Die Unschuld findet nicht so viele Beschützer wie das Verbrechen.
François de La Rochefoucauld

Wenn du die Geschichte eines großen Verbrechers liesest, so danke immer, ehe du ihn verdammst, dem gütigen Himmel, der dich mit deinem ehrlichen Gesicht nicht an den Anfang einer solchen Reihe von Umständen gestellt hat.
Georg Christoph Lichtenberg

Die Schurken sind immer praktisch tüchtiger als die ehrlichen Leute, weil ihnen die Mittel gleichgültig sind.
Franz Grillparzer

Aus Gefälligkeit werden weit mehr Schurken als aus schlechtem Gewissen. Johann Gottfried Seume

Die Seel' eines Verbrechers is eine Nachteulen, beim Tag is sie stumpfsinnig, aber wie's dunkel wird, flattert s' auf und mit der Finsternis wachst die Klarheit ihrer Katzenaugen — in jedem Winkel eine bleiche Gestalt. Johann Nepomuk Nestroy

Jeder Verbrecher sträubt sich, seine Verbrechen einzugestehen. So auch die Gesellschaft.

Friedrich Hebbel

Der größte Verbrecher übt immer einen unmeßbar kleinen Teil der Verbrechen aus, deren er als Mensch und von Natur aus fähig ist. Wilhelm Raabe

Das Verbrechen gehört unter den Begriff „Aufstand wider die gesellschaftliche Ordnung". Man „bestraft" einen Aufständischen nicht: man unterdrückt ihn. Friedrich Nietzsche

Der Verbrecher ist häufig genug seiner Tat nicht gewachsen: er verkleinert und verleumdet sie.

Friedrich Nietzsche

Ich habe keine besondere Sympathie für den Verbrecher in der Zelle. Mich empört die Grausamkeit, daß man überhaupt jemand in eine Zelle steckt.

George Bernard Shaw

Der Verbrecher-Typus, das ist der Typus des starken Menschen unter ungünstigen Bedingungen, ein krankgemachter starker Mensch. Ihm fehlt die Wildnis, eine gewisse freiere und gefährlichere Natur und Daseinsform, in der alles, was Waffe und Wehr im Instinkt des starken Menschen ist, zu Recht besteht.
Friedrich Nietzsche

Um manche Delikte zu begreifen, genügt es, wenn man die Opfer kennt.
Oscar Wilde

Die wahre Bedeutung von Verbrechen liegt darin, daß sie einen Vertrauensbruch gegenüber der Menschheitsfamilie darstellen.
Joseph Conrad

Der Verbrecher und ich sind nichts wesentlich Getrenntes, wir stehen im engsten menschlichen Zusammenhang; er kann uns nichts tun, was er nicht auch sich selber täte, und wir können ihm nichts tun, was wir nicht auch uns selber täten.
Christian Morgenstern

Der Krieg wäre ja ein leidliches Strafgericht, wenn er nicht die Fortsetzung des Delikts wäre.
Karl Kraus

Ohne Phantasie gäbe es keine Verbrecher und keine Dichter. Auch die Dichter sollte man hängen. Zum Glück hat man ihre Gedanken stets schon anderswo gelesen und ist gewissermaßen vorbereitet.
Curt Goetz

Jede Zeit hat die Verbrecher, die sie verdient.
Gustav Radbruch

Auch der Verbrecher, der nicht und nie bereut, ist gut, ohne seinen Willen, gegen seinen Willen. Aber sein Wille, der so ist, macht ihn zum Verbrecher ...
Alfred Döblin

Laientheologie. Soweit das geschichtliche Verständnis reicht, hat Gott noch nie einen Übeltäter durch einen Blitzstrahl niedergestreckt oder auch nur durch akute Krankheit die Welt von ihm befreit, oder auch nur ihn damit bestraft.
So gesehen ist, ein historischer Verbrecher zu sein, geradezu eine Lebens- und Gesundheitsversicherung!
Robert Musil

Zwischenstaatlich organisiert sind in Europa nur das Verbrechen und der Kapitalismus.
Kurt Tucholsky

Viele Verbrechen können zu Wohltaten führen, manche Wohltaten gehen mit Verbrechen schwanger.
Ilja Ehrenburg

Hüte dich vor einem Mord! Er verleitet zum Diebstahl, und von da ist es bis zur Lüge nur ein Schritt.
Julian Tuwim

§

Der Künstler und der Verbrecher leben außerhalb der Gesellschaft. Deshalb kann der Künstler mit allen verkehren. Kurt Guggenheim

Wer die Wahrheit nicht weiß, der ist bloß ein Dummkopf. Aber wer sie weiß und sie eine Lüge nennt, der ist ein Verbrecher! Bertolt Brecht

Sind Verbrechen, die die Rechtsprechung nicht vorgesehen hat, illegal? Stanislaw Jerzy Lec

Allmählich verliert das Verbrechen seine Romantik. Es wird zur Klassik des Alltags.
Stanislaw Jerzy Lec

Das Opfer ist stets am Verbrechen beteiligt. Sogar negativ. Stanislaw Jerzy Lec

Wer kein Verbrechen begeht, ist für die Gerechtigkeit uninteressant. Stanislaw Jerzy Lec

Tyrannen haben nichts gegen die Verbrechen anderer Tyrannen einzuwenden. Nur gegen ihre Wahl der Opfer. Stanislaw Jerzy Lec

Wenn sogar die Musik nicht imstande ist, uns zu retten, dann blitzt ein Dolch vor unsern Augen; nichts hält uns mehr aufrecht, nur noch die Faszination des Verbrechens. E. M. Cioran

Die Stunde des Verbrechens schlägt nicht für alle Völker gleichzeitig. So erklärt sich die Permanenz der Geschichte. E. M. Cioran

Täter: Warum ist das nicht einer, der eine Tat, sondern einer, der eine Untat begangen hat?
Günther Cwojdrak

Darunter leiden, daß man zu wenig Verbrecher ist. Man kann nichts begehen. Brav zum Ersticken. Unfähig zur erlösenden Gemeinheit. Martin Walser

Seit die Theorie Lombrosos, daß es geborene Verbrecher gibt, von der Wissenschaft abgelehnt wurde, sind wir alle verdächtig. Gabriel Laub

Spuren kleiner Verbrecher verfolgen Polizisten und Hunde; um die der großen dienern die Historiker.
Karlheinz Deschner

Verbrecher – Arbeitgeber der Justiz?
Winfried Hönes

die verbrechen an der demokratie schweigen zum himmel. Bert Berkensträter

Wenn man die Inschriften auf dem Friedhof liest, fragt man sich unwillkürlich, wo denn eigentlich die Schurken begraben liegen. Peter Sellers

VERBRECHEN

Von betrügerischer Sache halte dich fern.
2. Mos. 23,7

Bestechung macht die Augen der Weisen blind und verdreht die Sache dessen, der im Recht ist.
5. Mos. 16,19

Durch Betrug erlistet, ist noch nicht gewonnen.
Sophokles

Schlechte Menschen und Schwindler werden immer tiefer sinken. Sie betrügen andere und werden selbst betrogen.
2. Tim. 3,13

Gott wollen sie betrügen und die wahren Gläubigen; sich selbst betrügen sie und wissen es nicht.
Koran, Sure 2

Ich will dem Betrug seinen Rang nicht nehmen, das hieße die Welt schlecht verstehen; ich weiß, daß er sehr oft nützliche Dienste geleistet hat und daß er die meisten Stände der Menschen nährt und erhält.
Michel de Montaigne

Mäßiges Verleumden ... sollte man einer Ehefrau, als einen geringen Ersatz ihrer verlorenen Schmeicheleien, eher erleichtern als versalzen.
Jean Paul

Beleidigungen sind die Argumente derer, die unrecht haben. Jean-Jacques Rousseau

Verleumdung ist die Erleichterung der Bösartigkeit. Joseph Joubert

Es ist unendlich schöner, sich zehnmal betrügen zu lassen, als einmal den Glauben an die Menschheit zu verlieren. Heinrich Zschokke

Die einzige Art zu betrügen, die zuweilen noch Erfolg hat, ist – offenherzig zu sein. Ludwig Börne

Der Betrug ist sozusagen die Seele des gesellschaftlichen Lebens und eine Kunst, ohne die in Wahrheit keine Kunst und kein Talent, wenn man nur ihre Wirkung auf die Menschen im Auge hat, vollkommen ist. Giacomo Leopardi

Ich hab' geschnappt nach Luft, aber sie war so von Verleumdung verpes't, daß die Sprach' der Wahrheit hat müssen ersticken drin.
Johann Nepomuk Nestroy

Was ist Verleumdung? Ein Schuldspruch, der in Abwesenheit des Angeklagten hinter verschlossenen Türen, ohne Verteidigungs- oder Berufungsrecht, von einem voreingenommenen Richter verkündet wird. Joseph Roux

§

Verleumdungen sind Krankheiten anderer, die an deinem Leibe ausbrechen. Friedrich Nietzsche

In einer Welt, wo jedermann betrügt, bleibt für den ehrlichen Mann keine andere Rolle übrig als die des Hochstaplers. André Gide

Verleumdung ist der schlechte Atem der Feigheit. Die meisten denunzieren nicht aus Haß, sondern aus Furcht, selbst denunziert zu werden. Frank Thieß

Die härteste Strafe ist lebenslängliche Verleumdung. Hanns Henny Jahnn

Wenn Gott alles segnen müßte, worum man bittet, würde er sich, juristisch gesehen, der Beihilfe schuldig machen. Jean Genet

Es gibt unbestechliche Menschen. Das sind die, von denen nichts abhängt. Dusan Radović

Die Menschen sind heute unglaublich verdorben: es wird immer schwieriger, sie zu betrügen. Zarko Petan

Man müßte sich die Unbestechlichkeit bezahlen lassen können. Werner Schneyder

DIEBSTAHL

Sich in reiche Stoffe kleiden, ein scharfes Schwert an der Seite haben, mit auserlesenen Speisen sich sättigen, Reichtum im Überfluß haben, das heißt sich des Diebstahles rühmen.
Lao-tse

Dschi Kang-dse fragte den Meister, wie er der Räuberplage Herr werden könne.
Der Meister sprach: Wärt Ihr selbst ohne Begehr, würde niemand mehr rauben, auch wenn man ihn dafür belohnte.
Konfuzius

Der Meister sprach: Die so überaus Gesitteten und bedachtsam Erscheinenden in den Dörfern und Gemeinden — Schurken sind sie, die Tugenden stehlen!
Konfuzius

Privatdiebe fesselt man auf Lebenszeit in Kerker, und öffentliche Diebe gehen in Gold und Pupur.
Cato der Ältere

Zu dem Mann, der mir das Meine aus Habsucht wegnimmt, ist ein menschliches Verhalten möglich, zu dem, der es mir aus Grundsatz wegnimmt, nicht.
Rudolf Alexander Schröder

Man wechselt Diebe, wenn man Minister wechselt.
Christina von Schweden

Man setzt harte und fürchterliche Strafen für den Dieb fest, während man lieber dafür sorgen sollte, daß er ein sicheres Fortkommen im Leben findet. So würde niemand in die Zwangslage versetzt sein, erst zum Dieb zu werden und dann zugrunde zu gehen.

Thomas Morus

Ein Schmarotzer, der nicht lustig ist, nichts zu erzählen weiß und sich über die Weine beklagt, ist ein Dieb.

Honoré de Balzac

Räuber, subst. masc. Ein freimütiger Geschäftsmann.

Ambrose Bierce

Du kannst einen Menschen daran hindern, zu stehlen, aber nicht daran, ein Dieb zu sein.

Arthur Schnitzler

Man spricht immer nur von Leuten, die in Häuser einbrechen wollen. Aber es gibt mehr Leute auf der Welt, die aus Häusern ausbrechen wollen.

Thornton Wilder

Ein Dieb ist ein Mensch, der zu vernünftig ist, um zu verhungern, aber zu unvernünftig, um zu arbeiten; zu verschämt, um zu betteln, aber gerade unverschämt genug, um zu stehlen.

Aus den „Fliegenden Blättern“

§

MORD

Den Nächsten mordet, wer ihn ums Brot bringt, und Blut vergießt, wer dem Arbeiter den Lohn entzieht.
Sir. 34,26–27

Es ist eine Frage, ob wir nicht, wenn wir einen Mörder rädern, gerade in den Fehler des Kindes verfallen, das den Stuhl schlägt, an dem es sich stößt.
Georg Christoph Lichtenberg

Im Namen des Herrn sengen, im Namen des Herrn brennen, morden und dem Teufel übergeben, alles im Namen des Herrn. Georg Christoph Lichtenberg

Ermorden, verb. tr. Eine leere Stelle schaffen, ohne einen Nachfolger zu benennen. Ambrose Bierce

Mord, subst. masc. Die Tötung eines Menschen durch einen anderen. Es gibt vier Arten von Mord: verbrecherischen, entschuldbaren, gerechtfertigten und rühmlichen, doch dem Ermordeten ist es egal, welcher Art er zum Opfer fiel – die Klassifizierung ist nur zum Nutzen der Juristen da. Ambrose Bierce

Als Kain Abel erschlagen hat und Abel darauf nichts zu antworten wußte, war der erste Präzedenzfall da: Ein totes Opfer äußert keinen Widerspruch.
Stanislaw Jerzy Lec

Kann man einen Menschen deshalb aus der Atmosphäre des tiefen, ungeheuren Geheimnisses, das uns alle umfängt, das wir alle sind, und vor dem es keine andere Grundstimmung als die unbegrenzte Ehrfurcht gibt, herauslösen, herausgelöst empfinden, weil er ein „Mörder" geworden ist?

Christian Morgenstern

Die Sitte verlangt, daß ein Lustmörder den Mord zugebe, aber nicht die Lust. Karl Kraus

Verteidigung des Mörders: „Wie kann ein Mensch für unmenschliche Taten bestraft werden?"

Stanislaw Jerzy Lec

Totschweigen ist Mord ohne Blutvergießen.

Stephen Spender

Der Augenblick, wenn wir glauben, alles verstanden zu haben, gibt uns das Aussehen eines Mörders.

E. M. Cioran

Jeder lebende Mensch der Beweis für einen unterbliebenen Mord. Wer zweifel noch an der Humanität? Hanns-Hermann Kersten

Die Humanität schafft es schon, einen Mörder am Leben zu erhalten – die Ermordeten noch nicht.

Gabriel Laub

PROZESS

Du sollst das Recht nicht beugen, die Person nicht ansehen und nicht Bestechung annehmen.
5. Mos. 16,19

In unseren Prozessen, wenigstens in Kriminalfällen, besteht die Verteidigung gewöhnlich im Leugnen.
Cicero

Den Eid lehne wenn möglich ganz ab; ist es nicht möglich, soweit es geht. Epiktet

Laßt das Schwören, wenn ihr etwas versprecht. Schwört weder beim Himmel noch bei der Erde, noch bei sonst etwas. Sagt einfach Ja, wenn ihr Ja meint, und Nein, wenn ihr Nein sagen wollt. Sonst verfallt ihr Gottes Gericht. Jak. 5,12

Fort mit jeder Rücksichtnahme auf die Person des Nächsten bei der Rechtsprechung! Fort mit jeder Begünstigung! Nach Gebühr soll der Fall entschieden werden. Ambrosius

Audiatur et altera pars. Seneca

Die Beweise sind das Gegengift gegen das Gift der Zeugenaussagen. Francis Bacon

Es ist leicht, Vorschriften über die Theorie des Beweises aufzustellen, aber der Beweis selbst ist schwer zu führen. Giordano Bruno

Um ein Königreich bricht man jeden Eid.
William Shakespeare

Einen Prozeß führen zu müssen, heißt schon auf dieser Welt verdammt sein; und schon der bloße Gedanke daran ist geeignet, mich bis nach Indien ausreißen zu lassen. Molière

Die Voreiligkeit, das Böse zu glauben, ohne es untersucht zu haben, ist eine Folge der Hoffart und Trägheit. Man will Schuldige haben und sich nicht bemühen, die Anklagen zu prüfen.
François de La Rochefoucauld

Besser ein magerer Vergleich als ein fetter Prozeß!
Karl Julius Weber

Es ist unglaublich, wieviel Geist in der Welt aufgeboten wird, um Dummheiten zu beweisen.
Friedrich Hebbel

Beweis: eine Aussage, die einen Grad glaubwürdiger ist als die Unwahrscheinlichkeit. Ambrose Bierce

§

Prozeß, subst. masc. Eine förmliche Untersuchung zu dem Zweck, den makellosen Charakter von Richtern, Advokaten und Geschworenen zu beweisen und aktenkundig zu machen. Ambrose Bierce

Armenrecht, subst. neutr. Eine Methode, mittels deren einem Rechtssuchenden, der kein Geld für Anwälte hat, gnädig erlaubt wird, seinen Prozeß zu verlieren. Ambrose Bierce

Prozeßpartei: jemand, der bereit ist, seine Haut zu opfern in der Hoffnung, daß er seine Knochen behalten darf. Ambrose Bierce

Prozeß: eine Maschine, in die man als Schwein eingeht und die man als Wurst verläßt.
Ambrose Bierce

Eine Sache, die niemand glaubt, kann nicht oft genug bewiesen werden. George Bernard Shaw

Manches gestehen, das bedeutet meist einen hinterhältigeren Betrug als *alles* verschweigen.
Arthur Schnitzler

Der Prozeß wurde sehr human geführt. Die Fürsorge für den Angeklagten ging so weit, daß der Staatsanwalt sogar dessen Schuldbekenntnis für ihn zu sprechen übernommen hatte. Stanislaw Jerzy Lec

Eine Anklage wird nicht dadurch nichtig, daß sie sich nicht juristisch beweisen läßt. Hermann Hesse

Die deutsche Strafprozeßordnung liest sich im großen ganzen wie die Lieferungsverträge, die sich bei uns eingebürgert haben: was auch immer geschieht, geht zu Lasten des Bestellers, und die ausführende Firma haftet für gar nichts. Kurt Tucholsky

Der Beweis ist das Erb-Unglück des Denkens.
Elias Canetti

Die Inquisitoren kennen die Freiheit – aus den Geständnissen ihrer Gefangenen. Stanislaw Jerzy Lec

Der einzig gewonnene Prozeß ist der, den man nicht geführt hat. Hans Habe

Ein Verhör – das ist ein Geschäft auf Gegenseitigkeit. Andrej Sinjawskij

Im Recht ist nur der, der es nicht beweisen muß.
Brana Crncević

manche treiben die selbstverleugnung bis zum meineid. Bert Berkensträter

§

Alle glauben, Zeugen der Zeit zu sein. Wer sind dann die Täter? Wolfgang Eschker

Der Angeklagte bestritt alles – außer seinem Lebensunterhalt. Markus M. Ronner

Der Angeklagte war von der Großzüngigkeit des Staatsanwalts überwältigt. Wolfgang Bittner

Wenn es keine Verbrechen gibt.

URTEIL

Verurteilt nicht andere, damit Gott euch nicht verurteilt. Denn euer Urteil wird auf euch zurückfallen.
Mat. 7,1–2

Verurteile niemand, bevor du in seiner Lage warst.
Talmud

So groß die Neigung der Welt zu unrichtigen Urteilen ist, sie läßt doch weit öfter dem falschen Verdienst Gnade widerfahren als dem wahren Unrecht.
François de La Rochefoucauld

Das Urteil des eigenen Gewissens kann man nicht revidieren. Christina von Schweden

Man muß die Menschen nicht nach ihren Meinungen beurteilen, sondern nach dem, was diese Meinungen aus ihnen machen. Georg Christoph Lichtenberg

Das Urteil können sie verwehren, aber die Wirkung nicht hindern. Johann Wolfgang von Goethe

Ein reines Urteil ist nur möglich, wenn man jedweden nach dessen eigenem Standpunkt, nach dem ihm innewohnenden Bestreben würdigt.
Leopold von Ranke

Manch Urteil ist ja längst beschlossen / Eh' des Beklagten Wort geflossen. Anastasius Grün

Mißtraue deinem Urteil, sobald du darin den Schatten eines persönlichen Motivs entdecken kannst.
Marie von Ebner-Eschenbach

Das Urteil — das ist der Glaube: „Dies und dies ist so." Also steckt im Urteil das Geständnis, einem „identischen Fall" begegnet zu sein; es setzt also Vergleichung voraus, mit Hilfe des Gedächtnisses.
Friedrich Nietzsche

Das Urteil: Wir bewegen uns unter und auf Porzellan, nirgends dürfen wir anstoßen. So vorsichtig sei unser Urteil. Peter Hille

Die Größten haben es gewagt, auf das eigene Urteil zu bauen — und ebenso die Dümmsten. Paul Valéry

Die Urteilsweise der meisten Menschen besteht einfach darin, daß sie ihre eigenen Ausdünstungen generalisieren. Heimito von Doderer

Nichts gelten lassen, strenges, unbestechliches Urteil: wie oft ist das nichts anderes als Vergeltung und Rache für das eigene Ungenügen. Kurt Guggenheim

§

Wer seinen Nächsten verurteilt, der kann irren. Wer ihm verzeiht, der irrt nie. Karl Heinrich Waggerl

Über Personen urteilen, heißt, groteske Bilder von ihnen zeichnen. Cesare Pavese

Einen Staat beurteilt man nach seiner Urteilssprechung. Stanislaw Jerzy Lec

Alle Urteile, die wir – auch über andere – fällen, sind eigentlich immer nur Schmeicheleien, die wir uns selber sagen. Hans Lohberger

Schreibverbot für einen Schriftsteller ist ein Todesurteil, das täglich neu vollstreckt wird.
Herbert Eisenreich

Wer unschuldig verurteilt wird, ist selbst schuld – er hätte doch was verbrechen können! Gabriel Laub

Das Urteil wird nicht allein in der Sprache, sondern auch aus ihr und von ihr gesprochen.
Elazar Benyoetz

GEFÄNGNIS

Gefängnisse werden aus Steinen der Gesetze errichtet, Bordelle aus den Ziegeln der Religion.
William Blake

„Haben Sie Gnade!" heißt wörtlich: Ich verdiene zwar das Zuchthaus, aber Sie werden mir schon einen anderen lukrativen Posten geben, den ich nicht verdiene.
Johann Gottfried Seume

Ein Kerker von jetzt is ja nit wie a Kerker von ehmals; auswendig rauhe Strenge, inwendig nix als Humanität, das is grad so, als wenn ein lodener Geperneck a seidenes Futter hat.
Johann Nepomuk Nestroy

Einen Menschen leben lassen und ihm dennoch die notwendigsten Bedingungen des Lebens: gesunde Luft, Essen und Trinken u. d. gl. entziehen, ist eine Strafe, die einer erleiden, aber nicht verdienen kann.
Friedrich Hebbel

Der ängstlichste Mensch in einem Gefängnis ist der Direktor.
George Bernard Shaw

Solange wir Gefängnisse haben, macht es keinen Unterschied, wer von uns die Zellen bewohnt.
George Bernard Shaw

§

Heiterkeit — Humor — ist die einzige Form der Freiheit im Gefängnis. Rudolf Alexander Schröder

Wer sich gegen alles sichern will, vermehrt die Gefängnisse. Friedrich Georg Jünger

In einem Sinne ist das Ärgste, was es auf der Welt gibt, das Gefängnis; unter allen Übel dieser Erde.
Ludwig Hohl

Mit Gefängnisaufsehern diskutiere ich nicht über Freiheit. Antoni Marianowicz

Und überhaupt, es ist nicht leicht zu unterscheiden, wo im Gefängnis das Theater endet und die Wirklichkeit beginnt. Andrej Sinjawskij

Von außen erscheint das Gefängnis als konzentrierte Verzweiflung, Untätigkeit und Stummheit. In Wirklichkeit verhält es sich ganz anders ... — nirgendwo fand ich soviel Stil, soviel Rhythmus, soviel Lebenswillen wie im Gefängnis, das dadurch schrecklich, faszinierend und tröstlich zugleich ist.
Andrej Sinjawskij

Man hat eine Inventur in meinem Kopf gemacht. Dabei hat man einen Überschuß festgestellt und mich eingesperrt. Zarko Petan

§

der gefangene sprach vom recht auf selbstbestimmung. der zeigefinger des soldaten krümmte sich vor lachen.
Bert Berkensträter

Auch der Gefesselte hält alle Fäden in der Hand.
Radivoje Dangubić

Im Gefängniskreis bildet sich jeder Wächter ein, der Mittelpunkt der Welt zu sein.
Milovan Vitezović

Zellteilung: Aufhebung der Einzelhaft.
Ehrfried Sievers

Ein Anwalt, der augenscheinlich die innigste Überzeugung hat ... daß sein Klient ihn gut bezahlen wird.

HINRICHTUNG

Man gebe mir sechs Zeilen, geschrieben von dem redlichsten Menschen, und ich werde darin etwas finden, um ihn aufhängen zu lassen.
Armand Jean du Plessis de Richelieu

Du fragst mich, Freund, welches besser ist, von einem bösen Gewissen genagt zu werden oder ganz ruhig am Galgen zu hängen?
Georg Christoph Lichtenberg

Die Guillotine ist eine Maschine, die den Kopf im Handumdrehen entfernt und die das Opfer nichts anderes spüren läßt als ein Gefühl erfrischender Kühle.
J. I. Guillotin

Die meisten unserer Kritiker sind nur deshalb Scharfrichter geworden, weil sie keine Könige werden konnten.
Friedrich Hebbel

Es kann eine Welt geben, in der es eine Ehre ist, gehängt zu werden, und also auch zu einem Vergnügen werden kann.
Wilhelm Raabe

Folterbank, subst. fem. Ein Lehrmittel, das früher häufig verwendet wurde, um die Anhänger eines falschen Glaubens zur lebendigen Wahrheit zu bekehren.
Ambrose Bierce

Galgen, subst. masc. Bühne für die Aufführung von Mirakelspielen, in denen der Hauptdarsteller in den Himmel entrückt wird. In diesem Land ist der Galgen bemerkenswert vor allem wegen der vielen Leute, die ihm entgehen. Ambrose Bierce

Es macht keinen Spaß, einen Mann aufzuhängen, der nichts dagegen hat. George Bernard Shaw

Kritiker sind blutrünstige Leute, die es nicht bis zum Henker gebracht haben. George Bernard Shaw

Die meisten Kritiker verbinden die Zurückhaltung des Henkers mit dem Zartgefühl eines gereizten Nashornbullen. Jerome K. Jerome

Vergiß nicht, daß es besser ist, Opfer zu sein als Henker. Anton Tschechow

Die Deutschen — das Volk der Richter und Henker. Karl Kraus

Er war eitel wie ein Chirurg, rechthaberisch wie ein Jurist und gutmütig wie ein Scharfrichter nach der Hinrichtung. Kurt Tucholsky

Im Hause des Gehenkten spricht man nicht vom Galgen. Und im Hause des Henkers?
Stanislaw Jerzy Lec

Das Mitleid des Henkers liegt im sicheren Hieb.
Ernst Jünger

Perfide Henker lockern ihren Opfern die Schlinge.
Stanislaw Jerzy Lec

Erst hat man ihn geköpft, dann wurde er als Invalide pensioniert. Zarko Petan

Ein schreckliches Zukunftsbild: Henker, die nach Leistung bezahlt werden. Zarko Petan

Übertreibt nicht mit der Mode.
Die Farbe des Stricks muß zum Beispiel nicht mit der Farbe des Halses übereinstimmen.
Vlada Bulatović-Vib

Selbst wenn der Henker ein Künstler ist, fällt es dem Opfer schwer, ihm Beifall zu klatschen.
Brana Crncević

Einen unsterblichen Menschen zu töten ist der Traum eines jeden echten Henkers. Brana Crncević

Verglichen mit irgendeiner anderen Epoche ist die Zahl der Henker heute kleiner geworden und die Zahl der Gehenkten größer. Brana Crncević

§

Er wurde mit der Richtschnur gehenkt.
Winfried Hönes

Kopf hoch! sagte der Henker zum Delinquenten, um ihm die Schlinge leichter um den Hals legen zu können.
Milovan Vitezović

Die Erschießung ist die erste Ehrensalve.
Milovan Vitezović

Lieber das Leben an einem Faden als den Tod am Strick.
Milovan Vitezović

Der Ruhm des Henkers hängt von dem Ruhm seiner Opfer ab.
Radivoje Dangubić

Guillotine: das erste wirkliche Mittel gegen Kopfschuppen.
Unbekannt

STRAFE

Wenn man das Volk mit Dekreten lenkt und durch Strafmaßnahmen in Bann hält, so wird es den Strafen zu entgehen suchen und doch keine Scham kennen. Lenkt man es aber mit De – mit Tugend – so wird es nicht nur Scham kennen, sondern auch Charakter haben.

Konfuzius

Weshalb einen Schuldigen bestrafen, wenn man aus seiner Züchtigung keinen moralischen Gewinn ziehen kann?

Denis Diderot

Nur die Natur hat immer Strafe und Lohn in jedem ihrer Gesetze vereinigt: auch sind ihre Vorschriften Neigungen. Die Gesellschaft kann nicht so großzügig sein: Die Gesetze drohen und strafen.

Antoine de Rivarol

Jede Strafe soll, wenn der Fehler bekannt ist, nicht nur heilend, sondern beispielgebend sein. Sie soll entweder den Schuldigen oder die Öffentlichkeit bessern.

Joseph Joubert

Wenn etwas hart bestraft wird, so beweist das gar nicht, daß es unrecht ist; es beweist bloß, daß es dem Vorteil der Machthaber nachteilig ist. Oft ist gerade die Strafe der Stempel der schönen Tat.

Johann Gottfried Seume

§

Man straft keinen Menschen dafür, daß er häßlich ist; warum dafür, daß er nicht gut ist?

Friedrich Hebbel

Der Sinn der Strafe ist: jemanden in der gesellschaftlichen Ordnung niedriger zu setzen.

Friedrich Nietzsche

Laß uns nicht mehr so viel an Strafen, Tadeln und Bessern denken! Einen einzelnen werden wir selten verändern; und wenn es uns gelingen sollte, so ist vielleicht unbesehens auch etwas mitgelungen: wir sind durch ihn verändert worden!

Friedrich Nietzsche

Bisweilen kommen wir mit dem bloßen Schrecken davon: Gott straft uns oft mit unseren Einbildungen.

August Strindberg

Die Gesellschaft verwildert viel mehr durch tägliches Beschäftigen mit Bestrafungen als durch gelegentliche Verbrechen.

Oscar Wilde

Bestrafung ist nur ein Vorwand dafür, ein Verbrechen durch ein anderes zu tilgen.

George Bernard Shaw

Die Strafe ist die Gerechtigkeit, welche die Schuldigen an die austeilen, die gefaßt werden.

Elbert Hubbard

Strafen heißt, absichtlich ein Übel zufügen. Wer in diesem Sinne strafen will, muß sich eines höheren Auftrags zuversichtlich bewußt sein.
Gustav Radbruch

An der Härte der Strafen erkennt man die Schwäche des Regimes. Martin Kessel

Die meisten Menschen sind zu klein, um bestraft zu werden. Erwin Chargaff

Manche werden von Gott gestraft, indem er sie nicht mit Blindheit schlägt. Erwin Chargaff

Die Strafe, die züchtigt, ohne zu verhüten, heißt Rache. Albert Camus

Das moderne Recht verbietet die rückwirkende Strafe; eine große zivilisatorische Leistung. Nulla Poena sine lege. Die öffentliche Moral kennt dergleichen nicht. Johannes Gross

TODESSTRAFE

Der Meister sprach: Man sagt: Herrschen hundert Jahre lang gütige Männer im Land, wird überwunden die Grausamkeit und die Todesstrafe hört auf. Wahrhaftig, so ist es!
Konfuzius

Die Menschheit verurteilt den einzelnen zur Todesstrafe und begeht dadurch gegen ihn ein größeres Verbrechen, als er gegen sie begangen hat, indem sie ihm Besserung unmöglich macht.
Friedrich Hebbel

Der Mord auf dem Schafott ist die schlimmste Form des Mordes, denn dort geschieht er mit Billigung der Gesellschaft.
George Bernard Shaw

So lange die Todesstrafe besteht, atmet das ganze Strafrecht Blutgeruch aus, trägt das ganze Strafrecht den Stempel der Grausamkeit, ist das ganze Strafrecht mit dem Makel der rächenden Vergeltung behaftet.
Gustav Radbruch

Auf die Verteidiger der Todesstrafe kann das Wort des Größten, der sie erlitt, nicht mehr Anwendung finden: sie wissen nicht, was sie tun.
Gustav Radbruch

Daß es die Todesstrafe gibt, ist weniger bezeichnend für unsere Gesittung, als daß sich Henker finden.
Franz Werfel

§

Die Todesstrafe lehne ich ganz ab ... Sie gehört nicht in unsere Zeit. Auch ist sie vom Standpunkt jenseitigen Denkens, das andere Vergeltungsgesetze im Verlauf der Schicksale kennt, undiskutabel.

Manfred Kyber

Die Tötung des Verbrechers kann sittlich sein — niemals ihre Legitimierung.

Werner Bergengruen

Die Todesstrafe ist der schrecklichste Mord, weil der körperlichen Tötung die langsame seelische vorausgeht.

Paul Bertololy

Die Todesstrafe, die der Staat verhängt und durchführt, macht alle göttlichen und irdischen Gesetze zunichte.

Hermann Kesten

Durch die Todesstrafe überschreitet der Mensch sein Maß, er ist nicht Herr über Leben und Tod.

Adolf Arndt

Diese gewährt dem Opfer das seltsame Recht, bei der Vollstreckung zugegen zu sein und sich seiner tatsächlichen Bereitschaft und Vollendung bewußt zu werden. Zum Tode Verurteilte wachsen momentan über sich hinaus, und man kann, wenn sie es verstehen, ihre Geistesgegenwart zu bewahren, sich kaum eine bessere Art der Abrechnung vorstellen.

Abram Terz

§

Ich bin für die Todesstrafe: Gehenkte schlagen nicht über die Stränge.
Hanns-Hermann Kersten

Todesstrafe gibt es, wo sich Henker finden.
Winfried Hönes

Das Ideal jeder Diktatur ist, allen ihren Untertanen das Recht auf die Todesstrafe zu garantieren.
Milovan Vitezović

JÜNGSTES GERICHT

Da das Neue Gesetz allerwegs vollkommen ist, so wird ihm kein anderes Gesetz folgen, sondern es wird dauern bis zum Abschluß der Weltzeit.
Thomas von Aquino

Er brenzelt schon nach dem Jüngsten Tage.
Wilhelm Busch

Nur unser Zeitbegriff läßt uns das Jüngste Gericht so nennen, eigentlich ist es ein Standrecht.
Franz Kafka

Ich wette, daß das Jüngste Gericht verlegt werden muß, weil sich die Frauen verspäten. Curt Goetz

Wenn es wahr ist, daß die Weltgeschichte das Weltgericht ist, so kann man sagen, daß die jüngste Geschichte das jüngste Gericht ist. Erwin Chargaff

Als das Jüngste Gericht anbrach, hörte man nur das Zähneklappern der Apokalyptiker. Erwin Chargaff

Könnte ich einen einzigen Tag überstehen ohne diese CARITAS meines Wahnsinns, der mir das JÜNGSTE GERICHT für den nächsten Tag verheißt?
E. M. Cioran

Er hoffte, durch eifrigen Joghurtgenuß dem Jüngsten Gericht zu entgehen.

Erwin Chargaff

Ich würde lachen, wenn sie mit der Vernichtung der Welt vor dem Weltende nicht fertig würden.

Stanislaw Jerzy Lec

§

Endlich haben wir die Gütertrennung der beiden Eheleute erreicht! – Es wurde auch höchste Zeit, der Prozeß hat beide ruiniert!

Wenn man bedenkt, daß ich drei meiner Angeklagten nicht verurteilen konnte! ... ich werde meinen guten Ruf einbüßen! ...